CHINESISCHE HOROSKOP FÜR DICH

Die Ziege

LORI REID

illustriert von

PAUL COLLICUTT

Quellen-Verlag
St.Gallen

An Element Book

First Published as
CHINESE HOROSCOPES FOR LOVERS
in Great Britain in 1996 by

ELEMENT BOOKS LIMITED
Shaftesbury, Dorset

Printed in Italy

Übersetzung aus dem Englischen: Christina Peschke

Inhalt

羊

Warum haben einige Menschen Glück in der Liebe und andere nicht?

Die chinesische Astrologie

ES GIBT LEUTE, die sich verlieben und - ganz wie im Märchen - glücklich leben bis an ihr Lebensende. Andere verlieben sich immer wieder, machen jedesmal dieselben Fehler und bringen es nie zu einer dauerhaften Beziehung. Die meisten von uns befinden sich irgendwo zwischen diesen beiden Extremen. Warum haben einige Menschen Glück in der Liebe, während andere keine grossen Chancen haben?

TIERNAMEN

Nach der fernöstlichen Philosophie hat dies sehr wenig mit Glück zu tun. Die Philosophen sagen, dass die Antwort «im Tier zu suchen ist, das sich in unseren Seelen verbirgt». Dieses Tier – es gibt 12 davon – ist Teil der vielschichtigen chinesischen Astrologie. Jedem Jahr eines 12-Jahres-Zyklus wird ein Tierkreiszeichen zugeordnet, dessen Merkmale die gesellschaftlichen Ereignisse ebenso wie die Persönlichkeit und das Schicksal des Lebewesens prägen sollen, das unter ihm geboren wird. Die 12 Tiere sind der Reihe nach: Ratte, Büffel, Tiger, Hase, Drache, Schlange, Pferd, Ziege, Affe, Hahn, Hund und Schwein. Zum Beispiel im Jahr des Büffels geboren zu sein, ist einfach eine Art zu beschreiben, wie diese Person ist, körperlich und psychisch. Ein solcher Mensch ist ganz anders als zum Beispiel jemand, der im Jahr der Schlange geboren wurde.

Finden Sie das richtige Tierkreiszeichen auf Grund des Geburtsjahres

Geburtsjahr	
1908 Affe	2.2.1908 – 21.1.1909
1909 Hahn	22.1.1909 – 9.2.1910
1910 Hund	10.2.1910 – 29.1.1911
1911 Schwein	30.1.1911 – 17.2.1912
1912 Ratte	18.2.1912 – 5.2.1913
1913 Büffel	6.2.1913 – 25.1.1914
1914 Tiger	26.1.1914 – 13.2.1915
1915 Hase	14.2.1915 – 2.2.1916
1916 Drache	3.2.1916 – 22.1.1917
1917 Schlange	23.1.1917 – 10.2.1918
1918 Pferd	11.2.1918 – 31.1.1919
1919 Ziege	1.2.1919 – 19.2.1920
1920 Affe	20.2.1920 – 7.2.1921
1921 Hahn	8.2.1921 – 27.1.1922
1922 Hund	28.1.1922 – 15.2.1923
1923 Schwein	16.2.1923 – 4.2.1924
1924 Ratte	5.2.1924 – 24.1.1925
1925 Büffel	25.1.1925 – 12.2.1926
1926 Tiger	13.2.1926 – 1.2.1927
1927 Hase	2.2.1927 – 22.1.1928
1928 Drache	23.1.1928 – 9.2.1929
1929 Schlange	10.2.1929 – 29.1.1930
1930 Pferd	30.1.1930 – 16.2.1931
1931 Ziege	17.2.1931 – 5.2.1932
1932 Affe	6.2.1932 – 25.1.1933
1933 Hahn	26.1.1933 – 13.2.1934
1934 Hund	14.2.1934 – 3.2.1935
1935 Schwein	4.2.1935 – 23.1.1936
1936 Ratte	24.1.1936 – 10.2.1937
1937 Büffel	11.2.1937 – 30.1.1938
1938 Tiger	31.1.1938 – 18.2.1939
1939 Hase	19.2.1939 – 7.2.1940
1940 Drache	8.2.1940 – 26.1.1941
1941 Schlange	27.1.1941 – 14.2.1942
1942 Pferd	15.2.1942 – 4.2.1943
1943 Ziege	5.2.1943 – 24.1.1944
1944 Affe	25.1.1944 – 12.2.1945
1945 Hahn	13.2.1945 – 1.2.1946
1946 Hund	2.2.1946 – 21.1.1947
1947 Schwein	22.1.1947 – 9.2.1948
1948 Ratte	10.2.1948 – 28.1.1949
1949 Büffel	29.1.1949 – 16.2.1950
1950 Tiger	17.2.1950 – 5.2.1951
1951 Hase	6.2.1951 – 26.1.1952
1952 Drache	27.1.1952 – 13.2.1953
1953 Schlange	14.2.1953 – 2.2.1954
1954 Pferd	3.2.1954 – 23.1.1955
1955 Ziege	24.1.1955 – 11.2.1956
1956 Affe	12.2.1956 – 30.1.1957
1957 Hahn	31.1.1957 – 17.2.1958

Geburtsjahr	
1958 Hund	18.2.1958 – 7.2.1959
1959 Schwein	8.2.1959 – 27.1.1960
1960 Ratte	28.1.1960 – 14.2.1961
1961 Büffel	15.2.1961 – 4.2.1962
1962 Tiger	5.2.1962 – 24.1.1963
1963 Hase	25.1.1963 – 12.2.1964
1964 Drache	13.2.1964 – 1.2.1965
1965 Schlange	2.2.1965 – 20.1.1966
1966 Pferd	21.1.1966 – 8.2.1967
1967 Ziege	9.2.1967 – 29.1.1968
1968 Affe	30.1.1968 – 16.2.1969
1969 Hahn	17.2.1969 – 5.2.1970
1970 Hund	6.2.1970 – 26.1.1971
1971 Schwein	27.1.1971 – 15.2.1972
1972 Ratte	16.2.1972 – 2.2.1973
1973 Büffel	3.2.1973 – 22.1.1974
1974 Tiger	23.1.1974 – 10.2.1975
1975 Hase	11.2.1975 – 30.1.1976
1976 Drache	31.1.1976 – 17.2.1977
1977 Schlange	18.2.1977 – 6.2.1978
1978 Pferd	7.2.1978 – 27.1.1979
1979 Ziege	28.1.1979 – 15.2.1980
1980 Affe	16.2.1980 – 4.2.1981
1981 Hahn	5.2.1981 – 24.1.1982
1982 Hund	25.1.1982 – 12.2.1983
1983 Schwein	13.2.1983 – 1.2.1984
1984 Ratte	2.2.1984 – 19.2.1985
1985 Büffel	20.2.1985 – 8.2.1986
1986 Tiger	9.2.1986 – 28.1.1987
1987 Hase	29.1.1987 – 16.2.1988
1988 Drache	17.2.1988 – 5.2.1989
1989 Schlange	6.2.1989 – 26.1.1990
1990 Pferd	27.1.1990 – 14.2.1991
1991 Ziege	15.2.1991 – 3.2.1992
1992 Affe	4.2.1992 – 22.1.1993
1993 Hahn	23.1.1993 – 9.2.1994
1994 Hund	10.2.1994 – 30.1.1995
1995 Schwein	31.1.1995 – 18.2.1996
1996 Ratte	19.2.1996 – 6.2.1997
1997 Büffel	7.2.1997 – 27.1.1998
1998 Tiger	28.1.1998 – 15.2.1999
1999 Hase	16.2.1999 – 4.2.2000
2000 Drache	5.2.2000 – 23.1.2001
2001 Schlange	24.1.2001 – 11.2.2002
2002 Pferd	12.2.2002 – 31.1.2003
2003 Ziege	1.2.2003 – 21.1.2004
2004 Affe	22.1.2004 – 8.2.2005
2005 Hahn	9.2.2005 – 28.1.2006
2006 Hund	29.1.2006 – 17.2.2007
2007 Schwein	18.2.2007 – 6.2.2008

Die 12 Tiere der chinesischen Astrologie

BEZIEHUNGEN

Diese Tiernamen bilden die Spitze des Eisbergs.

Die chinesische Astrologie ist von solchem Reichtum und solcher Weisheit, dass das Verstehen der Grundsätze, welche sich hinter Ihrem Geburtsjahr verbergen, wertvolle Einsichten in Ihre eigene Persönlichkeit vermittelt. Welche Tiere miteinander vereinbar und welche Gegenspieler sind, ist sehr spezifisch und gibt uns Aufschluss darüber, ob unsere Beziehungen erfolgreich sein werden. Ehen werden im Himmel geschlossen, sagt eine Redensart. Nach chinesischem Glauben kann der Himmel den Weg weisen. Der Rest liegt an uns.

Jahrestabelle und Geburtsdaten

DER KALENDER DER ÖSTLICHEN WELT richtet sich nach dem Mond. Das bedeutet, dass der Neujahrstag nicht auf ein fixes Datum fällt. Die Jahrestabelle aus dem Immerwährenden Chinesischen Kalender nennt die Daten, an denen jedes Jahr beginnt und endet, sowie das Tierkreiszeichen des betreffenden Jahres. Die Chinesen glauben zudem, dass alle Dinge von funf Grundelementen geprägt sind, welche die Merkmale der Tierkreiszeichen verändern. Schliesslich wird auch noch der Aspekt angeführt, d.h. ob das Jahr mehr von Yin (-) oder mehr von Yang (+) geprägt ist.

Der Kalender der westlichen Welt orientiert sich nach der Sonne, derjenige der östlichen Welt nach dem Mond.

YIN UND YANG

Dies sind die Bezeichnungen für die dynamischen komplementären Kräfte, welche das Universum im Gleichgewicht halten und die zentralen Lebensgrundsätze darstellen. Yin steht für negativ, passiv oder weiblich, für die Nacht und den Mond, Yang für das Positive, Aktive, Männliche, den Tag und die Sonne.

Jahr	von – bis	Tierkreiszeichen	Element	Aspekt
1900	31. Jan. 1900 – 18. Febr. 1901	Ratte	Gold	+ Yang
1901	19. Febr. 1901 – 7. Febr. 1902	Büffel	Gold	– Yin
1902	8. Febr. 1902 – 28. Jan. 1903	Tiger	Wasser	+ Yang
1903	29. Jan. 1903 – 15. Febr. 1904	Hase	Wasser	– Yin
1904	16. Febr. 1904 – 3. Febr. 1905	Drache	Holz	+ Yang
1905	4. Febr. 1905 – 24. Jan. 1906	Schlange	Holz	– Yin
1906	25. Jan. 1906 – 12. Febr. 1907	Pferd	Feuer	+ Yang
1907	13. Febr. 1907 – 1. Febr. 1908	Ziege	Feuer	– Yin
1908	2. Febr. 1908 – 21. Jan. 1909	Affe	Erde	+ Yang
1909	22. Jan. 1909 – 9. Febr. 1910	Hahn	Erde	– Yin
1910	10. Febr. 1910 – 29. Jan. 1911	Hund	Gold	+ Yang
1911	30. Jan. 1911 – 17. Febr. 1912	Schwein	Gold	– Yin
1912	18. Febr. 1912 – 5. Febr. 1913	Ratte	Wasser	+ Yang
1913	6. Febr. 1913 – 25. Jan. 1914	Büffel	Wasser	– Yin
1914	26. Jan. 1914 – 13. Febr. 1915	Tiger	Holz	+ Yang
1915	14. Febr. 1915 – 2. Febr. 1916	Hase	Holz	– Yin
1916	3. Febr. 1916 – 22 Jan. 1917	Drachen	Feuer	+ Yang
1917	23. Jan. 1917 – 10. Febr. 1918	Schlange	Feuer	– Yin
1918	11. Febr. 1918 – 31. Jan. 1919	Pferd	Erde	+ Yang
1919	1. Febr. 1919 – 19. Febr. 1920	Ziege	Erde	– Yin
1920	20. Febr. 1920 – 7. Febr. 1921	Affe	Gold	+ Yang
1921	8. Febr. 1921 – 27. Jan. 1922	Hahn	Gold	– Yin
1922	28. Jan. 1922 – 15. Febr. 1923	Hund	Wasser	+ Yang
1923	16. Febr. 1923 – 4. Febr. 1924	Schwein	Wasser	– Yin
1924	5. Febr. 1924 – 24. Jan. 1925	Ratte	Holz	+ Yang
1925	25. Jan. 1925 – 12 Febr. 1926	Büffel	Holz	– Yin
1926	13. Febr. 1926 – 1. Febr. 1927	Tiger	Feuer	+ Yang
1927	2. Febr. 1927 – 22. Jan. 1928	Hase	Feuer	– Yin
1928	23. Jan. 1928 – 9. Febr. 1929	Drache	Erde	+ Yang
1929	10. Febr. 1929 – 29. Jan. 1930	Schlange	Erde	– Yin
1930	30. Jan. 1930 – 16. Febr. 1931	Pferd	Gold	+ Yang
1931	17. Febr. 1931 – 5. Febr. 1932	Ziege	Gold	– Yin
1932	6. Febr. 1932 – 25. Jan. 1933	Affe	Wasser	+ Yang
1933	26. Jan. 1933 – 13. Febr. 1934	Hahn	Wasser	– Yin
1934	14. Febr. 1934 – 3. Febr. 1935	Hund	Holz	+ Yang
1935	4. Febr. 1935 – 23. Jan. 1936	Schwein	Holz	– Yin

Jahr	von – bis	Tierkreiszeichen	Element	Aspekt
1936	24. Jan. 1936 – 10. Febr. 1937	Ratte	Feuer	+ Yang
1937	11. Febr. 1937 – 30. Jan. 1938	Büffel	Feuer	– Yin
1938	31. Jan. 1938 – 18. Febr. 1939	Tiger	Erde	+ Yang
1939	19. Febr. 1939 – 7. Febr. 1940	Hase	Erde	– Yin
1940	8. Febr. 1940 – 26. Jan. 1941	Drache	Gold	+ Yang
1941	27. Jan. 1941 – 14. Febr. 1942	Schlange	Gold	– Yin
1942	15. Febr. 1942 – 4. Febr. 1943	Pferd	Wasser	+ Yang
1943	5. Febr. 1943 – 24. Jan. 1944	Ziege	Wasser	– Yin
1944	25. Jan. 1944 – 12. Febr. 1945	Affe	Holz	+ Yang
1945	13. Febr. 1945 – 1. Febr. 1946	Hahn	Holz	– Yin
1946	2. Febr. 1946 – 21. Jan. 1947	Hund	Feuer	+ Yang
1947	22. Jan. 1947 – 9. Febr. 1948	Schwein	Feuer	– Yin
1948	10. Febr. 1948 – 28. Jan. 1949	Ratte	Erde	+ Yang
1949	29. Jan. 1949 – 16. Febr. 1950	Büffel	Erde	– Yin
1950	17. Febr. 1950 –5. Febr. 1951	Tiger	Gold	+ Yang
1951	6. Febr. 1951 – 26. Jan. 1952	Hase	Gold	– Yin
1952	27. Jan. 1952 – 13. Febr. 1953	Drache	Wasser	+ Yang
1953	14. Febr. 1953 – 2. Febr. 1954	Schlange	Wassr	– Yin
1954	3. Febr. 1954 – 23. Jan. 1955	Pferd	Holz	+ Yang
1955	24. Jan. 1955 – 11. Febr. 1956	Ziege	Holz	– Yin
1956	12. Febr. 1956 – 30. Jan. 1957	Affe	Feuer	+ Yang
1957	31. Jan. 1957 – 17. Febr. 1958	Hahn	Feuer	– Yin
1958	18. Febr. 1958 – 7. Febr. 1959	Hund	Erde	+ Yang
1959	8. Febr. 1959 – 27. Jan. 1960	Schwein	Erde	– Yin
1960	28. Jan. 1960 – 14. Febr. 1961	Ratte	Gold	+ Yang
1961	15. Febr. 1961 – 4. Febr. 1962	Büffel	Gold	– Yin
1962	5. Febr. 1962 – 24. Jan. 1963	Tiger	Wasser	+ Yang
1963	25. Jan. 1963 – 12. Febr. 1964	Hase	Wasser	– Yin
1964	13. Febr. 1964 – 1. Febr. 1965	Drache	Holz	+ Yang
1965	2. Febr. 1965 – 20. Jan. 1966	Schlange	Holz	– Yin
1966	21. Jan. 1966 – 8. Febr. 1967	Pferd	Feuer	+ Yang
1967	9. Febr. 1967 – 29. Jan. 1968	Ziege	Feuer	– Yin
1968	30. Jan. 1968 – 16. Febr. 1969	Affe	Erde	+ Yang
1969	17. Febr. 1969 – 5. Febr. 1970	Hahn	Erde	– Yin
1970	6. Febr. 1970 – 26. Jan. 1971	Hund	Gold	+ Yang
1971	27. Jan. 1971 – 15. Febr. 1972	Schwein	Gold	– Yin

Jahr	von – bis	Tierkreiszeichen	Element	Aspekt
1972	16. Febr. 1972 – 2. Febr. 1973	Ratte	Wasser	+ Yang
1973	3. Febr. 1973 – 22. Jan. 1974	Büffel	Wasser	– Yin
1974	23. Jan. 1974 – 10. Febr. 1975	Tiger	Holz	+ Yang
1975	11. Febr. 1975 – 30. Jan. 1976	Hase	Holz	– Yin
1976	31. Jan. 1976 – 17. Febr. 1977	Drache	Feuer	+ Yang
1977	18. Febr. 1977 – 6. Febr. 1978	Schlange	Feuer	– Yin
1978	7. Febr. 1978 – 27. Jan. 1979	Pferd	Erde	+ Yang
1979	28. Jan. 1979 – 15. Febr. 1980	Ziege	Erde	– Yin
1980	16. Febr. 1980 – 4 Feb. 1981	Affe	Gold	+ Yang
1981	5. Febr. 1981 – 24. Jan. 1982	Hahn	Gold	– Yin
1982	25 Jan 1982 – 12 Feb 1983	Hund	Wasser	+ Yang
1983	13. Febr. 1983 – 1. Febr. 1984	Schwein	Wasser	– Yin
1984	2. Febr. 1984 – 19. Febr. 1985	Ratte	Holz	+ Yang
1985	20. Febr. 1985 – 8. Febr. 1986	Büffel	Holz	– Yin
1986	9. Febr. 1986 – 28. Jan. 1987	Tiger	Feuer	+ Yang
1987	29. Jan. 1987 – 16. Febr. 1988	Hase	Feuer	– Yin
1988	17. Febr. 1988 – 5. Febr. 1989	Drache	Erde	+ Yang
1989	6. Febr. 1989 – 26. Jan. 1990	Schlange	Erde	– Yin
1990	27. Jan. 1990 – 14. Febr. 1991	Pferd	Gold	+ Yang
1991	15. Febr. 1991 – 3. Febr. 1992	Ziege	Gold	– Yin
1992	4. Febr. 1992 – 22. Jan. 1993	Affe	Wasser	+ Yang
1993	23. Jan. 1993 – 9. Febr. 1994	Hahn	Wasser	– Yin
1994	10. Febr. 1994 – 30. Jan. 1995	Hund	Holz	+ Yang
1995	31. Jan. 1995 – 18. Febr. 1996	Schwein	Holz	– Yin
1996	19. Febr. 1996 – 6. Febr. 1997	Ratte	Feuer	+ Yang
1997	7. Febr. 1997 – 27. Jan. 1998	Büffel	Feuer	– Yin
1998	28. Jan. 1998 – 15. Febr. 1999	Tiger	Erde	+ Yang
1999	16. Febr. 1999 – 4. Febr. 2000	Hase	Erde	– Yin
2000	5. Febr. 2000 – 23. Jan. 2001	Drache	Gold	+ Yang
2001	24. Jan. 2001 – 11. Febr. 2002	Schlange	Gold	– Yin
2002	12. Febr. 2002 – 31. Jan. 2003	Pferd	Wasser	+ Yang
2003	1. Febr. 2003 – 21. Jan. 2004	Ziege	Wasser	– Yin
2004	22. Jan. 2004 – 8. Febr. 2005	Affe	Holz	+ Yang
2005	9. Febr. 2005 – 28. Jan. 2006	Hahn	Holz	– Yin
2006	29. Jan. 2006 – 17. Febr. 2007	Hund	Feuer	+ Yang
2007	18. Febr. 2007 – 6. Febr. 2008	Schwein	Feuer	– Yin

Die zwölf Tiere im Überblick

DIE RATTE | ♥♥♥ Drache, Affe | ✖ Pferd

Ratten, nach aussen zwar kühl, sind aber leidenschaftliche Liebhaber mit einer Gefühlstiefe, die oft verkannt wird. Sie verfügen über viel Selbstbeherrschung.

DER BÜFFEL | ♥♥♥ Schlange, Hahn | ✖ Ziege

Der Büffel ist nicht unbedingt das romantischste aller Tierkreiszeichen, dafür aber ein treuer Liebhaber und liebevoller, aufrichtiger Partner.

DER TIGER | ♥♥♥ Pferd, Hund | ✖ Affe

Leidenschaftlich und sinnlich, sind Tiger aufregende Liebhaber. Kokett in jungen Jahren, werden sie zu stabilen Partnern und bleiben sexuell aktiv.

DER HASE | ♥♥♥ Ziege, Schwein | ✖ Hahn

Mit ihrer sanften, gefühlvollen und sentimentalen Art sind Hasen einfühlsame Liebespartner. Sie sind clever und suchen Partner, die Sicherheit bieten.

DER DRACHE | ♥♥♥ Ratte, Affe | ✖ Hund

Drachenmenschen erfahren über den Intellekt genau so viel Anregung wie durch Sex. Wichtig ist für sie ein Partner mit derselben Wellenlänge.

DIE SCHLANGE | ♥♥♥ Büffel, Hahn | ✖ Schwein

Von tiefer Leidenschaft beseelt, sind Schlangenmenschen zu eleganten, kultivierten Partnern hingezogen. Sie sind aber eifersüchtig und besitzergreifend.

♥ ♥ ♥ *VEREINBAR* ✖ *UNVEREINBAR*

DAS PFERD ♥♥♥ TIGER, HUND ✖ RATTE

Im Pferd geborene Menschen macht Liebe blind. Mit dem Herzen verlieren sie auch den Kopf und machen viele Fehler, bis sie den richtigen Partner finden.

DIE ZIEGE ♥♥♥ HASE, SCHWEIN ✖ BÜFFEL

Ziegenmenschen sind für die Ehe wie geschaffen. Sie sind häuslich und finden emotionale Befriedigung bei jemandem, der ihnen Sicherheit bietet.

DER AFFE ♥♥♥ DRACHE, RATTE ✖ TIGER

Affenmenschen sind klug und witzig und benötigen Partner, die sie beflügeln. Sie verabscheuen die Büroroutine und brauchen Pfiff.

DER HAHN ♥♥♥ BÜFFEL, SCHLANGE ✖ HASE

Das modisch-elegante Aussehen des Hahns garantiert ihm viele Freier. Er ist ein ausgeglichener Mensch, welcher Beziehungen überlegt eingeht.

DER HUND ♥♥♥ TIGER, PFERD ✖ DRACHE

Eine feste, liebevolle Beziehung ist ein wichtiges Element im Leben der Hundemenschen. Haben sie ihren Partner gefunden, bleiben sie treu fürs Leben.

DAS SCHWEIN ♥♥♥ HASE, ZIEGE ✖ SCHLANGE

Schweinemenschen sind Geniesser mit Vorliebe für ausgedehnten Liebesgenuss zwischen Leintüchern aus Satin. Kaviar und Champagner sind sie nicht abgeneigt.

Die Persönlichkeit der Ziege

ZIEGENJAHRE

1907 ★ 1919 ★ 1931 ★ 1943 ★ 1955 ★ 1967

1979 ★ 1991 ★ 2003

SIE NEHMEN ES GELASSEN. Das Leben ist zu kurz, um gegen das System anzukämpfen. Zudem ist es anstrengend, gegen den Strom zu schwimmen. Weshalb also sich nicht bequem von ihm mittragen lassen? Im Zeichen der Ziege geboren zu sein macht dies zu Ihrer Lebensphilosophie. Manchmal sind Sie idealistisch und unpraktisch, wünschen sich am sehnlichsten ein bequemes Leben ohne Entbehrungen und Zwietracht.

ZIEGENMERKMALE

Achtes Zeichen ★ *Chinesischer Name – Yang* ★ *Zeichen der Künste* ★ *Stunde – 13 Uhr – 14.59 Uhr* ★ *Monat – Juli* ★ ★ *Westliches Pendant – Krebs* ★

EIGENSCHAFTEN

♥ *Künstlerische Fähigkeiten* ♥ *Kultur* ♥ *Freundlichkeit* ♥ *Sanftmut* ♥ *Intelligenz* ♥ *Sensibilität*

✖ *Pingeligkeit* ✖ *Masslosigkeit* ✖ *Abhängigkeit* ✖ *Schmollen* ✖ *Unsicherheit* ✖ *Liebedienerei*

Ziegen halten ihre Nächsten in zärtlicher, liebevoller Umarmung

YIN-NATUR

Die Ihrem Zeichen zugrundeliegenden Prinzipien haben mit der «weiblichen» oder Yin-Seite unseres Naturells zu tun, jenem Teil in uns, der uns instinktiv zum Hegen und Pflegen, zum Lieben und Umsorgen drängt. Wenn Sie diesem Zeichen angehören - ob als Mann oder als Frau -, ist Ihre Reaktion stets passiv und empfangend. Sie sind freundlich und rücksichtsvoll, sanft und friedliebend, und Sie verabscheuen jegliche Art von Konfrontation, Aggression oder Gewalt.

KÜNSTLERISCHE BEGABUNG

Neben Ihren ausgeprägten humanitären Neigungen haben Sie eine starke künstlerische Begabung, welche Sie vom Rest der Welt abhebt und Sie zur Welt der Musik und der Künste hinzieht. Sie sind kultiviert und wohlerzogen, und Sie neigen dazu, Ihre Umwelt damit prägen zu wollen.

Ziegen haben künstlerisches Talent und Flair

Ihre Geburtsstunde

WÄHREND IHR GEBURTSJAHR Ihren grundlegenden Charakter beschreibt, bestimmt das Tier, das Ihre Geburtsstunde beherrscht, Ihre äussere Veranlagung, wie die Leute Sie sehen, oder das Bild, das Sie gegen aussen hin abgeben. Beachten Sie bitte, dass jedes Tier über 2 aufeinanderfolgende Stunden herrscht. Beachten Sie ferner, dass dies Standardzeiten sind und dass Anpassungen nötig sind, wenn Sie während der Sommerzeit geboren wurden.

23.00 – 0.59 UHR ★ RATTE

Angenehm, gesellig, umgänglich. Eine aktive, selbstsichere und vielbeschäftigte Person – und ein kleiner Wichtigtuer obendrein.

1.00 – 2.59 UHR ★ BÜFFEL

Sie sind ausgeglichen und nüchtern, in vielen Dingen bewandert und zuverlässig – manchmal allerdings etwas voreingenommen.

3.00 – 4.59 UHR ★ TIGER

Sie sind selbstsicher und enthusiastisch und werden als starke, positive Persönlichkeit wahrgenommen – zeitweise etwas allzu überschwenglich.

5.00 – 6.59 UHR ★ HASE

Sie sind sensibel und scheu und verbergen Ihr wahres Wesen vor der Aussenwelt. Sie meinen, Sie müssten Theater spielen, um anderen zu gefallen.

7.00 – 8.59 UHR ★ DRACHE

Sie sind unabhängig und interessant und vermitteln das Bild eines ziemlich besonderen, ungewöhnlichen Menschen.

9.00 –10.59 UHR ★ SCHLANGE

Sie können etwas schwer zu fassen sein, und weil Sie so beherrscht wirken, finden die Leute Sie entweder sympathisch oder mögen Sie gar nicht.

11.00 – 12.59 UHR ★ PFERD

Offen, fröhlich, glücklich und unbeschwert ist das Bild, das Sie der Welt von sich geben. Sie sind ein extrovertierter Mensch, und das zeigen Sie im allgemeinen auch.

13.00 – 14.59 UHR ★ ZIEGE

In Ihrer bescheidenen Art drängen Sie sich anderen nur ungern auf, so dass die Leute Sie als ruhig und zurückhaltend, aber auch als sehr sensibel wahrnehmen.

15.00 – 16.59 UHR ★ AFFE

Sie sind lebhaft und gesprächig. Der Schalk in Ihren Augen hilft Ihnen überall Freundschaften zu schliessen.

17.00 – 18.59 UHR ★ HAHN

Ihre modisch-elegante Erscheinung vermittelt Ihrer Umwelt den Eindruck von Vornehmheit und Glamour. Was Sie jedoch nicht leicht ertragen können, ist Dummheit.

19.00 – 20.59 UHR ★ HUND

Die einen halten Sie für solide und zuverlässig, andere für ruhig und gefällig, wieder andere für langweilig und phantasielos. Es hängt davon ab, mit wem Sie zusammen sind.

21.00 – 22.59 UHR ★ SCHWEIN

Hinter Ihrer coolen Art verbirgt sich grosses Interesse und Intelligenz; diese sind aber nicht immer sofort sichtbar.

Ihre Geburtsstunde beschreibt Ihre äussere Veranlagung

Die Ziege in der Liebe

Als Liebhaber sind Sie zärtlich, sexuell sehr aktiv und wissen genau, wie Sie Ihren Partner auf Touren bringen können. Nehmend und gebend geniessen Sie ein ausgedehntes Vorspiel und verlieren sich vollkommen im Liebesakt.

WENN SIE IN EINEM ZIEGENJAHR geboren sind, ist Alleinsein Ihre grösste Angst. Deshalb sind Ziegenmenschen familienorientiert und haben oft viele Kinder. Oder sie lassen sich neben Ihrem Elternhaus nieder, möglichst in einem Anbau, damit Ihnen die grosse Familie erhalten bleibt. Für Ihr Glück und Wohlbefinden wünschen Sie sich nicht nur, sondern brauchen Sie unbedingt einen starken Partner, der Sie emotional unterstützt und als dynamische Ergänzung Ausgewogenheit in Ihr Leben bringt.

Ohne Seelenfreund ist das Leben einer Ziege unvollständig

ZIEGE ODER SCHAF?

Sie sind gleich einem Schaf eher scheu, gehemmt und unsicher. Östliche Astrologen sehen in diesem Zeichen aber auch die launenhafte Ziege, die ihre Energie durch ihr zickiges Hin- und Herspringen verzettelt. Erst wenn sie angebunden ist, schafft sie es, sich auf etwas zu konzentrieren und Bestleistungen zu erbringen. Der beste Strick ist eine stabile Liebesbeziehung.

Der Kuss
GUSTAV KLIMT 1862–1918

LIEBESPARTNER

Wenn Sie einen liebenden Partner zur Seite haben, dann fühlen Sie sich beschützt und sicher und erstrahlen in Ihrem vollen Glanz. Dann entfalten Sie Ihre sprühende Persönlichkeit und werden eine ausgeglichene, witzige und amüsante Person. An schlechten Tagen können Sie klebrig, abhängig und schmeichlerisch sein, bis Sie bekommen, was Sie wollen. Aber Sie sind auch durch und durch romantisch, und Ihrem sanften, mitfühlenden Wesen ist kaum zu widerstehen.

Ziegen fühlen sich in liebenden Armen sicher

In Ihrem Element

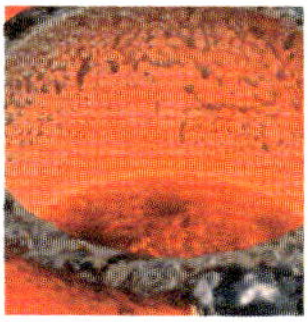

OBSCHON IHR ZEICHEN alle 12 Jahre wiederkehrt, wird jede Generation durch eines der 5 Elemente leicht verändert. Wenn Sie unter dem Einfluss von Gold geboren sind, werden Ihr Charakter, Ihre Gefühle und Ihr Verhalten anders sein als die eines Menschen, der unter einem anderen Element geboren wurde. Suchen Sie in der Jahrestabelle Ihr vorherrschendes Element und entdecken Sie seine Wirkungen auf Sie.

DIE GOLD ZIEGE ★ 1931 UND 1991

Sie geben vor, eine harte Nuss zum Knacken zu sein; weil Sie emotional weich wie Wachs sind, errichten Sie um sich herum eine schützende Schale. Wer Sie aber kennt, weiss, dass Sie ein Herz aus Gold haben.

DIE WASSER ZIEGE ★ 1943 UND 2003

Sie sind sanft und versöhnlich und lassen sich gerne von der Woge mittragen. Das erklärt auch Ihre umgängliche Art. Mit Ihrer Aura von Niedlichkeit und Liebenswürdigkeit kommt man nicht umhin, Sie zu beschützen. Wenn man es nicht tut, schmollen Sie.

DIE HOLZ ZIEGE ★ 1955

In Ihrer hingebungsvollen, mitfühlenden und einfühlsamen Art ziehen Sie Streuner und Gammler an, die Ihre Hilfe und Unterstützung suchen. Dabei kann Ihre Grosszügigkeit arg strapaziert werden, aber meistens wird Ihre Güte belohnt.

DIE FEUER ZIEGE ★ 1907 UND 1967

Sie sind extrovertierter und eigenständiger als andere Ziegen und brauchen weniger Unterstützung als andere in Ihrem Zeichen Geborene. Sie sind selbstständig und gehen Ihren eigenen Weg. Dank Ihres angeborenen Sinnes für Dramatik tendieren Feuer-Ziegen zur darstellenden Kunst.

DIE ERDEN ZIEGE ★ 1919 UND 1979

Das Element der Erde macht Sie fleissig, unabhängig und erfinderisch - aber auch masslos. Ihre Familie ist Ihnen das wichtigste im Leben, und für ihr Wohl arbeiten Sie hart. Obschon Sie vorsichtig und konventionell sind, haben Sie auch eine heitere, unbeschwerte Seite.

Liebespartner

DIE CHINESEN haben klare Vorstellungen darüber, welche Tierkreiszeichen zueinander passen und welche gegensätzlich sind. Stellen Sie fest, ob Sie zu Ihrem Partner oder Ihrer Partnerin passen

ZIEGE + RATTE ★ *Zeitweise ein harter Kampf, aber mit etwas gutem Willen könnte es trotzdem funktionieren.*

ZIEGE + DRACHE ★ *Trotz der sexuellen Anziehung passen Ihre Temperamente nicht zusammen.*

Der richtige Partner kann eine Ziege auf berauschend neue Weiden führen

ZIEGE + BÜFFEL ★ *Ihre Körper könnten sich finden, nicht aber Ihr Geist und Ihre Herzen.*

ZIEGE + TIGER ★ *Viel Respekt, aber allzuviel Vorsicht.*

ZIEGE + HASE ★ *Wahre Liebe, viel Verständnis und grosse Achtung. Sie haben das grosse Los gezogen!*

ZIEGE + SCHLANGE ★ *Unheimlich gute Freunde und attraktive Geschlechtspartner.*

ZIEGE + PFERD ★ *Liebe auf den ersten Blick. Eine Verbindung für immer und ewig!*

Rendez-vous am Abend (Detail)
THEOPHILE-ALEXANDRE STEINLEN 1859–1923

羊

LIEBESPARTNER AUF EINEN BLICK

Ziege mit:	Tips für das Zusammensein	Vereinbarkeit
Ratte	Uneinig	♥
Büffel	Nur im Traum!	♥
Tiger	Arbeit ja – Heirat nein	♥♥
Hase	Paradiesisch	♥♥♥♥
Drache	Entweder Himmel oder Hölle!	♥♥
Schlange	Zutiefst befriedigend	♥♥♥♥
Pferd	Füreinander bestimmt	♥♥♥♥
Ziege	Erfolgsrezept	♥♥♥
Affe	Voneinander lernen	♥♥
Hahn	Nicht von Dauer	♥
Hund	Zusammenprall der Persönlichkeiten	♥
Schwein	Champagner und Kaviar	♥♥♥♥

SKALA:
♥ *Konflikt* ♥♥ *daran arbeiten* ♥♥♥ *starke sexuelle Anziehung* ♥♥♥♥ *himmlisch!*

ZIEGE + ZIEGE ★ *Sie sind ein geniesserisches Paar, das sich vollkommen versteht.*

Eiaha chipa
PAUL GAUGUIN 1848–1903

ZIEGE + AFFE ★ *Sehr verschiedene Typen, aber mit vereinten Kräften könnte es gehen.*

ZIEGE + HAHN ★ *Schwierigkeiten überall – geringe Chancen für diese Verbindung.*

ZIEGE + HUND ★ *Ein mühseliges Zusammensein...*

ZIEGE + SCHWEIN ★ *Viel Verständnis und gegenseitige Liebe – eine gute Partnerschaft.*

Christobel findet Geraldine (Detail)
WILLIAM GERSHAM COLLINGWOOD 1854–1932

Heisse Rendez-vous

FÜR IHR ERSTES RENDEZ-VOUS, für einen speziellen Anlass oder auch nur, um das Feuer der Leidenschaft wieder neu zu entfachen, hilft es zu wissen, was Ihrer Partnerin oder Ihrem Partner am besten gefällt.

RATTE ★ *Laden Sie ein zu einem guten Essen. Machen Sie etwas Spontanes... gehen Sie an ein Pferderennen oder machen Sie einen Heissluftballon-Flug.*

BÜFFEL ★ *Steigen Sie in einem Erstklasshotel ab, besuchen Sie eine Kunstausstellung, geniessen Sie ein Nachtessen zu zweit.*

«Nett, Sie zu treffen...»
COCA-COLA 1945

TIGER ★ *Tiger brauchen Aufregung und Spannung, also gehen Sie Tontauben schiessen oder an ein Formel 1- Rennen. Mit einem Theaterabend bringen Sie Tigeraugen zum Leuchten.*

HASE ★ *Sanft und kreativ veranlagt, geniesst Ihre Hasenverabredung den Abend zu Hause mit Pizza und einem romantischen Video. Und danach Musik, die zum Kuscheln verführt.*

DRACHE ★ *Zauber und Magie werden den Drachen begeistern. Besuchen Sie eine Show oder den Karneval. Oder fahren Sie ans Meer und graben Ihre Füsse bei Sonnenuntergang in den Sand.*

SCHLANGE ★ *Machen Sie nichts zu Aktives – diese Menschen mögen es langsam! Machen Sie eine gemütliche Bootsfahrt. Nach einer wohltuenden Massage gleiten Sie zusammen voller Wollust in einen Whirlpool.*

Der Karneval
GASTON-DOIN 19./20. JAHRHUNDERT

PFERD ★ *Ihr närrisches Pferd langweilt sich rasch. Machen Sie mit ihm eine irre Besichtigung der örtlichen Sehenswürdigkeiten. Überraschen Sie es mit Karten zu einem Musical. Und vor allem: verraten Sie nichts!*

ZIEGE ★ *Sie liebt die Kunst: Besuchen Sie ein Museum, eine Ausstellung, eine Dichterlesung. Gehen Sie ins Ballett oder Konzert.*

AFFE ★ *Er liebt Extravagantes, also gehen Sie mit ihm an ein Kostümfest oder einen Maskenball, eine Laser-Show oder in einen Science-fiction-Film.*

HAHN ★ *Grandiose Gesten beeindrucken Ihren Hahn. Begleiten Sie ihn an eine Film-Première oder einen offiziellen Anlass. Elegante Kleidung versetzt ihn in den siebten Himmel.*

HUND ★ *Ein gemütliches Essen bei Kerzenlicht gefällt diesem bescheidensten aller Partner mehr als gesellschaftliche Anlässe. Sich unterhalten und plaudern schafft ein tiefes gegenseitiges Verständnis.*

SCHWEIN ★ *Arrangieren Sie ein opulentes Essen oder eine lebhafte Party. Auch Shopping gehört zu seinen Lieblingsbeschäftigungen!*

羊

Das Jahr der Bindung

KANN DAS JAHR Ihrer Eheschliessung (oder der festen Verpflichtung, zusammenzuleben) auf Ihre eheliche Beziehung oder auf Ihr gemeinsames Leben einen Einfluss haben? Die Chinesen sind überzeugt, dass dem so ist. Ob Ihre Ehe hitzig, sanft, fruchtbar, leidenschaftlich, einsam oder gesellig ist, hängt nicht so sehr von Ihrem Tiernaturell ab als vom Tier, in dessen Jahr Sie die Ehe geschlossen haben.

Chinesische Hochzeitsfeier (Detail)
CHINESISCHE MALEREI

HEIRATEN SIE IN EINEM JAHR…

DER RATTE ★ *sollte Ihre Ehe erfolgreich sein, denn jetzt begonnene Unternehmungen sind erfolgversprechend. Ihr Leben ist reich an Wohlstand und Freundschaft.*

Hochzeitsfest
CHINESISCHE MALEREI

DES BÜFFELS ★ *wird Ihre Beziehung solide sein. Ihr Fleiss wird anerkannt und Sie werden respektiert.*

DES TIGERS ★ *werden Sie viel Humor brauchen, um die Stürme zu überstehen. Kein günstiges Heiratsjahr!*

DES HASEN ★ *tun Sie es unter dem Zeichen der Liebe. Das verheisst eine glückliche, sorgenfreie Beziehung. Das Boot wird kaum kentern!*

DES DRACHENS ★ *sind Sie begnadet. Das Jahr steht für Glück, Zufriedenheit und Erfolg.*

DER SCHLANGE ★ *ist es gut für eine Romanze, aber sexuelle Verstrickungen sind häufig. Ihre Beziehung mag flau erscheinen, aber die Leidenschaft geht tief.*

DES PFERDES ★ *besteht das Risiko, dass es aus einer spontanen, momentanen Laune heraus geschieht. Die Ehe kann unbeständig sein.*

DER ZIEGE ★ *ist Ihre Familie begnadet. Aber achten Sie auf Ihre Ausgaben! Geld rinnt Ihnen leicht durch die Finger.*

Hochzeitsfeier (Detail)
CHINESISCHE MALEREI

Hochzeitsfeier
CHINESISCHE MALEREI

DES AFFEN ★ *könnte das Eheleben unkonventionell verlaufen. Wenn Pläne misslingen, kann Ihr Leben voll Überraschungen sein.*

DES HAHNS ★ *werden Dramen Ihr Eheleben kennzeichnen. Ihr Haushalt wird wie ein Uhrwerk laufen, aber Gezänk könnte Ihre Beziehung belasten.*

DES HUNDES ★ *ist Ihnen häusliches Glück sicher. Rechnen Sie mit einer grossen Familie: der Hund bedeutet Fruchtbarkeit!*

DES SCHWEINS ★ *werden Sie sehr viel Spass haben. Achtung vor zuviel Nachsicht und Übermass!*

羊

Chinesische Hochzeitsfeier (Detail)
CHINESISCHE MALEREI

TYPISCHE ZIEGENVERGNÜGEN

LIEBLINGSFARBEN ★ *Rosa, Mauve*

MINERALIEN UND EDELSTEINE ★ *Mondstein, Saphir, Jade*

PASSENDE GESCHENKE ★ *Morgenmantel aus Seide, Theaterkarten, Körpermassage, Champagner, Muscheln, Pfefferminzöl*

HOBBYS UND ZEITVERTREIB ★ *Schwimmen, Tennis, Lesen, Bridge, Essen, Kleider kaufen, Schlafen, Kino*

FERIENPRÄFERENZEN ★ *Sie fühlen sich zum Wasser hingezogen. Ferien am oder auf dem Meer wären ideal. Gehen Sie nach Griechenland und erkunden Sie die Inseln dort. Besuchen Sie Fjorde, Geysire, die Niagara-Fälle oder die oberitalienischen Seen.*

Ihre natürliche Affinität zu Schiffen

LIEBLINGSLÄNDER ★ *Deutschland, Schweden, Schottland, Polen, Tschechien, Slowakei*

羊

Die Ziegeneltern

UNTER DEM EINFLUSS DER ZIEGE geboren zu sein bedeutet, dass Sie sowohl als Mutterziege als auch als Bock einen natürlichen Hege- und Pflegeinstinkt besitzen. Sie sind stark familienorientiert, und wenn Sie können, haben Sie mehr als die durchschnittliche Kinderzahl. Sie überschütten Ihre Sprösslinge geradezu mit Ihrer Zuneigung, so dass Ihr Bemuttern allzu oft in erstickende Mutterliebe ausarten kann.

KLEINE LÄMMER

Anmutig und gepflegt wie Sie sind, verabscheuen Sie ganz besonders schlechte Manieren. Deshalb bringen Sie Ihren Kindern schon sehr früh freundliches Benehmen und gute Umgangsformen bei.

Ziegeneltern lieben und umsorgen ihre kleinen Lämmchen

DER LEBENSRAUM DER ZIEGE

Das Wort «traditionell» umschreibt Ihren häuslichen Lebensraum am besten. Sie geniessen die Rolle der Hausfrau und legen grossen Wert auf ein trautes Heim. Ihr Haus widerspiegelt diesen häuslichen Instinkt: Kaminfeuer, bequeme Sessel, der Geruch von frischem Apfelkuchen. Auch die männliche Ziege ist sehr häuslich. Ihre Inneneinrichtung ist elegant und unter Ihrem künstlerischen Talent entsteht ein klassisches, zeitloses Interieur. Dank Ihrer Vorliebe für Bequemlichkeit fehlt es in Ihrem Haus nicht an modernen zeitsparenden Geräten, um Ihnen die Anstrengungen der Hausarbeit zu ersparen.

Ihre Kinder

FÜR VIELE ELTERN harmoniert die Persönlichkeit der Kinder vollkommen mit der eigenen. Andere finden, dass ihre Kinder ungeachtet der Liebe, die sie ihnen entgegenbringen, nicht die gleiche Wellenlänge haben. Unsere Kinder kommen mit bereits geformtem Charakter zur Welt, der - nach chinesischer Philosophie - vom Einfluss des Tierjahres geprägt ist. Sie sollten also bei der Zeugung der Kinder das Jahr berücksichtigen.

KINDER, DIE GEBOREN WURDEN IM JAHR...

DER RATTE ★ *sind anschmiegsam. Sie halten auf Trab und benötigen viel Ruhe. Sie werden später zu leidenschaftlichen Sammlern.*

DES BÜFFELS ★ *sind ruhig, solid und unabhängig. Lässt man sie nicht machen, sind sie beleidigt.*

DES TIGERS ★ *sind glücklich und liebenswert. Als Kinder sind sie voll Energie. Knaben sind sportlich, Mädchen sind Wildfänge.*

DES HASEN ★ *sind sensibel und stark an die Mutter gebunden. Sie brauchen Stabilität zum Gedeihen.*

DES DRACHEN ★ *sind sehr früh unabhängig und phantasievoll. Fördern Sie jene Interessen, die ihre Talente zum Blühen bringen.*

DER SCHLANGE ★ *haben viel Charme. Als Spätzünder benötigen sie allenfalls Unterstützung in der Schule. Lehren Sie sie, ihre Gefühle auszudrücken.*

羊

Einhundert-Kinder-Schriftrolle
ANON, MING-ZEIT

DES PFERDES ★ *plappern stundenlang zufrieden vor sich hin, sprechen früh und sind sprachbegabt.*

DER ZIEGE ★ *sind ruhig, wohlerzogen und respektvoll. Sie sind familienorientiert und entfernen sich nie allzu weit von zu Hause.*

DES AFFEN ★ *sind an allem brennend interessiert. Mit ihrem agilen Verstand lernen sie schnell. Sie sind gutmütig, aber spitzbübisch!*

DES HAHNS ★ *sind gesellig, fröhlich und lebhaft. Ihre Abenteuerlust zeigt sich am besten auf dem Sportfeld.*

DES HUNDES ★ *sind süss und anschmiegsam. In ihrer genügsamen Art können sie stundenlang im Haus herumspielen und sich amüsieren. Gesunder Menschenverstand ist ihre grösste Tugend.*

DES SCHWEINS ★ *sind liebevoll und freundlich. Es sind ausgeglichene, selbstbewusste Kinder, unbekümmert und cool. Sie sind beliebt und haben viele Freunde.*

Gesundheit, Reichtum, Gesellschaft

TROTZ IHRER ZARTEN ERSCHEINUNG sind Sie gesundheitlich sehr robust. Was Sie aber flach legt, ist ehelicher Zwist, denn von einem verständnisvollen Partner geliebt und unterstützt zu werden, ist für Ihr Wohlbefinden wesentlich. Wird Ihnen diese Liebe aus irgend einem Grund entzogen, werden Sie sofort krank. Wenn Sie unglücklich sind, ist Ihr Magen wie zugeschnürt.

Ziegen arbeiten am besten im Team

Im Team leisten Sie Unschätzbares. Zu Ihren grössten Begabungen gehören Ihr gesunder Menschenverstand, Ihre Überzeugungskraft und Ihr Fingerspitzengefühl. Als brillanter Querdenker finden Sie oft Wege zur Lösung komplizierter Probleme.

BERUF

Wenn Sie sich den Mantel der Autorität umhängen müssen, tun Sie es. Ihre Aufgaben erledigen Sie mit Intelligenz und Takt, aber Sie sind kein geborener Leader und würden kaum aus freien Stücken eine Kaderposition anstreben. Sie sind glücklicher mit einer unterstützenden Rolle und überlassen den Führersitz anderen.

羊

FINANZEN

Sie scheinen Geld anzuziehen, was auch gut ist: Die meisten Ziegen sind verschwenderisch. Vielleicht haben Sie Talent im Umgang mit Geld, Ihr Partner hat ein prallvolles Bankkonto oder Sie haben einfach Glück. Was auch immer der Grund sein mag - Sie sind immer elegant gekleidet, gut bei Kasse und wohnen in einem schönen Haus.

Sie sind künstlerisch talentiert. Es ist die Welt der Künste, welche Sie anzieht und in der Sie Hervorragendes leisten.

Geld rinnt der Ziege mühelos durch die Finger

FREUNDSCHAFTEN

Sie gehören nicht zu den Menschen, die ihr Herz auf der Zunge tragen; Sie sprechen selten offen über Ihre innersten Gefühle. Um Sie kennenzulernen, braucht es einige Zeit, aber solche Freundschaften halten dann ein Leben lang.

ZIEGEN SIND AUSGEZEICHNETE:

Architekten ★ Kartographen ★ Stadtplaner ★ Floristen
Landschaftsgestalter ★ Kunsthistoriker ★ Museumsaufseher
Illustratoren ★ Herausgeber ★ Musiker ★ Schauspieler
Modisten ★ Kunstauktionatoren ★ Innenarchitekten
Dekorateure ★ Coiffeure ★ Kinderpfleger ★ Kinderärzte

羊

Wo Ost und West sich treffen

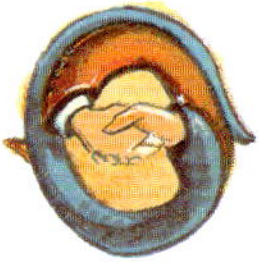

UM EIN TIEFERES, umfassenderes Verständnis Ihres Charakters und Ihrer Persönlichkeit zu erlangen, sollten Sie Ihr östliches Tierkreiszeichen mit Ihrem westlichen Zodiakzeichen kombinieren.

WIDDER-ZIEGE

★ *Temperamentvoller als die meisten Ziegen, sind Sie eine starke Kraft im Hintergrund. Sie brauchen einen bewundernden Partner. In der Liebe sind Sie besitzergreifend und anspruchsvoll.*

STIER-ZIEGE

★ *Sie haben aber einen sehr teuren Geschmack! Sicherheit und Komfort kommen an erster Stelle und sind nötig für Ihr Glück. Sie sind künstlerisch begabt.*

ZWILLING-ZIEGE

★ *Sie sind gesellig, gesprächig, witzig und bewandert in der Kunst. Sie geniessen es im Kreis der Familie und Freunde, aber Sie langweilen sich rasch. In der Liebe können Sie wankelmütig sein.*

KREBS-ZIEGE

★ *Sie machen sich über Vieles Gedanken, vor allem über die Einsamkeit. Sie sind sensibel und freundlich und haben viel Liebe zu verschenken, aber auch ein grosses Bedürfnis nach Liebe.*

LÖWE-ZIEGE

★ *Sie sind hochmütig und leidenschaftlich, mit einer recht höfischen Vorstellung von Liebe. Und Sie wissen, was für Sie gut ist: ein Leben in Luxus.*

JUNGRAU-ZIEGE

★ *Sie wünschen sich verzweifelt eine gute Beziehung, aber die Menschen in Ihrer Umgebung entsprechen nicht Ihren hohen Erwartungen. Akzeptieren Sie die anderen, wie sie sind.*

WAAGE-ZIEGE

★ *Mit Ihrer intelligenten und gepflegten Art sind Sie der Inbegriff vornehmer Kultiviertheit. Sie sind begehrenswert und sehr kreativ. Was Sie machen, machen Sie mit Stil. Die Liebe sehen Sie durch eine rosarote Brille.*

SKORPION-ZIEGE

★ *Das Skorpionische stärkt die Kräfte der ansonsten stillen Ziege und verleiht Ihnen mehr Unabhängigkeit und Bestimmtheit. Gleichzeitig mässigt der Einfluss der Ziege die Stärke des Skorpions und macht Sie emotional ausgeglichener.*

SCHÜTZE-ZIEGE

★ *Mit derart vielen heissen Eisen im Feuer sind Sie viel beschäftigter als die Durchschnittsziege. Solange Sie Ihre eigenen Interessen verfolgen können, sind Sie zufrieden. Zuversichtlich, fleissig und tolerant in Ihrer Art, nehmen Sie dem Leben gegenüber eine philosophische Haltung ein.*

STEINBOCK-ZIEGE

★ *Ehrgeiz und praktische Veranlagung verleihen Ihnen die Charakterstärke, die Sie brauchen, um Ihre gesellschaftlichen Ziele zu erreichen. Obwohl meist beständig, lassen Sie sich zuweilen gehen – Sie sind voller Überraschungen!*

WASSERMANN-ZIEGE

★ *Sie festzunageln ist vielleicht das Schlimmste, was Ihnen ein Partner antun kann. Sie sind ein schillerndes Wesen und ein Freigeist dazu, schwer fassbar und spannungsgeladen. Sie leben im Jetzt und erwarten von andern dasselbe.*

FISCH-ZIEGE

★ *Die Sensibilität des Fischnaturells und die Kreativität des Ziegentyps verbinden sich in Ihnen zu einem begnadeten Künstler. Wie viele talentierte Menschen leben Sie allerdings in Ihrer eigenen Welt und bekommen nichts mit von der harten Realität des Lebens.*

羊

BERÜHMTE ZIEGEN

John Wayne

Mel Gibson

Rudolf Valentino

Mick Jagger

Robert de Niro

Boris Becker

Franz Liszt

Brooke Shields

Coco Chanel

Catherine Deneuve ⋆ Mel Gibson ⋆ John Wayne
Joni Mitchell ⋆ Boris Becker ⋆ Ben Kingsley
George Harrison ⋆ Geraldine Chaplin
Mick Jagger ⋆ Coco Chanel ⋆ Oliver North
Brooke Shields ⋆ Liberace ⋆ Robert de Niro
Debra Winger ⋆ Chevy Chase
John Denver ⋆ Rudolph Valentino
Franz Liszt ⋆ Nat King Cole ⋆ Douglas Fairbanks ⋆ Cervantes

羊

Das Jahr der Ziege in Kürze

NACH DER RASANTEN GANGART des letzten Jahres verlangsamt sich das Tempo im Jahr der Ziege und bringt Ihren Nerven die nötige Erholung. Im Zentrum steht das häusliche Leben. Liebe, Ehe, Familie, Kinder stehen unter einem guten Stern.

ZEIT DER ABSPRACHEN UND SICHERHEIT

Politisch ist es eine Zeit der Versöhnung, des Abbaus von Spannungen. Diplomatische Aktivitäten wie der Abschluss von Verträgen und Handelsvereinbarungen sind von Erfolg gekrönt. Kommerziell ist es nicht ratsam, neue Produkte zu lancieren oder zu expandieren. Pflegen Sie bestehende Kontakte und lassen Sie die vergangenen Anstrengungen Früchte tragen.

EIN BOMBENJAHR

Es wird ein Bewusstsein für die Umwelt und die grundlegenden Bedürfnisse der Menschheit entstehen. Karitative Organisationen und medizinische Fortschritte machen Schlagzeilen. Ein Bombenjahr für die Modeindustrie und die Welt der Künste.

AKTIVITÄTEN, DIE MIT DEM JAHR DER ZIEGE ASSOZIIERT WERDEN

Entdeckung, Erfindung, Patentierung, Vermarktung, Erstverwendung, Verleihung oder Herstellung von: Farbfilm, Dampfwalze, Herztransplantation, Vitamin B12, der ersten Montessori-Schule, des Nobelpreises an Mutter Theresa.

Ihr Ziegenschicksal in den nächsten 12 Jahren

1996 HAT EIN NEUER 12-JAHRESZYKLUS im chinesischen Kalender begonnen. Wie Ihre Beziehungen, Ihre beruflichen und gesellschaftlichen Perspektiven aussehen, hängt vom Einfluss des Tierjahres ab.

1996 JAHR DER RATTE — *19. Feb. 1996– 6. Feb. 1997*

In Rattenjahren kommen Sie beruflich wie persönlich gut voran. Die Zeichen stehen günstig, und es werden sich Möglichkeiten einer Beförderung abzeichnen. Neue Begegnungen in diesem Jahr werden wahre Liebe erblühen lassen.

JAHRESTREND: STETE FORTSCHRITTE

1997 JAHR DES BÜFFELS — *7. Feb. 1997 – 27. Jan. 1998*

Gegensätzliche Elemente werden wahrscheinlich Ihre Fortschritte behindern. Mit dem Büffel als Gegenspieler müssen Sie mit Herausforderungen an allen Fronten rechnen. Halten Sie sich zurück!

JAHRESTREND: UNERFREULICH

1998 JAHR DES TIGERS — *28. Jan. 1998 – 15. Feb. 1999*

Es wird anstrengend sein, mit den Ereignissen dieses Jahres Schritt halten zu können, aber mindestens sind die Tendenzen nicht schlecht. Sie werden damit beschäftigt sein, Ihre Lebensfäden zu verweben, was interessant, zuweilen aber auch bestürzend sein wird.

JAHRESTREND: ETWAS VERWIRREND

1999 JAHR DES HASEN *16. Feb. 1999 – 4. Feb. 2000*

Ein sehr erfreuliches Jahr, in welchem sowohl das Tempo wie auch die Atmosphäre Ihrem Naturell entsprechen. Jetzt können Sie rasche Fortschritte machen, und das Erreichte wird Sie zufriedenstellen. In der Liebe gibt es Höhepunkte.

JAHRESTREND: HERVORRAGENDE AUSSICHTEN

2000 JAHR DES DRACHEN ***5. Feb. 2000 – 23. Jan. 2001***

Gurten Sie sich an, denn es wird eine holprige Fahrt werden. Nicht dass die Ereignisse besonders unangenehm wären, aber Sie müssen dem Druck standhalten können, nur schon um Ihren Kopf über Wasser zu halten. Intime Freundschaften bringen aber Trost und Unterstützung.

JAHRESTREND:GEMISCHTE GEFÜHLE

Im Jahr der Schlange gehen Ziegen schlangen-beschwörend ihren Weg zum Erfolg

2001 JAHR DER SCHLANGE *24. Jan. 2001 – 11. Feb. 2002*

Die günstigen Omen der Schlange bringen Ihnen zahlreiche Gelegenheiten, weiterzukommen und Ihre Sporen abzuverdienen. Im Beruf werden vergangene Anstrengungen belohnt. Die Arbeit wird Ihnen leicht fallen, und gesellschaftlich werden Sie sehr beliebt sein.

JAHRESTREND: SEHR BEFRIEDIGEND

2002 Jahr des Pferdes **12. Feb. 2002–31. Jan. 2003**

Typisch für Ihre unstete Art, bringt Ihnen dieses Jahr Höhen und Tiefen in Liebesdingen. Die Zeichen stehen günstig, so dass Sie in der Lage sein sollten, allfällige Hürden und Fallen auf Ihrem Weg erfolgreich zu bewältigen.

JAHRESTREND: FREIZEITBESCHÄFTIGUNGEN LOHNEN SICH

2003 Jahr der Ziege **1. Feb. 2003 – 21. Jan. 2004**

Ihr gesellschaftliches Leben wird Sie in Ihrem eigenen, grundsätzlich günstigen Jahr stark beschäftigen. Der Akzent liegt auf häuslichen Belangen und persönlichen Beziehungen. Für Singles ist Romantik angesagt.

JAHRESTREND: SEIEN SIE PRAKTISCH

2004 Jahr des Affen **22. Jan. 2004 – 8. Feb. 2005**

Affenjahre mit ihrem rasanten Gang entsprechen nicht Ihrem Naturell, welchem eher ein langsameres Tempo liegt. Der Treibsand des Jahres wird Ihnen viele kleine, aber lästige Schwierigkeiten bescheren. In Ihren Beziehungen geschieht Unangenehmes.

JAHRESTREND: FRUSTRIERENDE MISSVERSTÄNDNISSE

Im Jahr des Hahns wird die Last der Ziege leichter werden

2005 JAHR DES HAHNS *9. Feb. 2005 – 28. Jan. 2006*

Wenn das letzte Jahr sehr verwickelt war, so werden Sie jetzt Gelegenheit haben, das Wirrwarr zu lösen und neu anzufangen. Verantwortung oder Belastungen, die beruflich schwer auf Ihnen lasteten, werden Sie nun erfolgreich abgeben können. Lust und Vergnügen winken.

JAHRESTREND: ZEIT DES NEUBEGINNS

2006 JAHR DES HUNDES *29. Jan. 2006 – 17. Feb. 2007*

Hundejahre sind meist schwierig für Ziegen, so dass dieses Jahr für Sie eine Herausforderung werden wird. Halten Sie sich zurück, aber bleiben Sie dran. Der Erfolg hängt von der richtigen Balance ab.

JAHRESTREND: ANERKENNUNG FÜR FREUNDE HILFT VIEL

2007 JAHR DES SCHWEINS *18. Feb. 2007 – 6. Feb. 2008*

Dieses Jahr ist eine unerwartet glückliche und befriedigende Zeit. Im Beruf bringt eine weitsichtige Planung Ergebnisse, und es könnte sich Ihnen ein unverhoffter Glücksfall bieten. Ein ausgezeichnetes Jahr, um zu heiraten oder eine Familie zu gründen.

JAHRESTREND: GÜNSTIGERE AUSSICHTEN AUF LAGER

BILDNACHWEIS

AKG Berlin/Erich Lessing: p.24L
AKG London: pp.21, 24B, 25R, 26
e. t. archive: p.34; British Museum: p.33T; Victoria & Albert Museum: pp.28, 29
Fine Art Photographic Library Ltd: pp.17T, 32-3
Hulton Deutsch Collection: p.38 (Coco Chanel, Franz Liszt and Rudolph Valentino)
Images Colour Library: pp.8, 22T & B, 23, 30
Kobal Collection: p.38 (de Niro, Gibson, Shields and Wayne)
Rex Features: p.38 (Jagger and Becker)

Chinesische Horoskopbändchen für Dich

Zwölf individuelle Geschenkbücher:

Nr. 1	**Die Ratte**	ISBN 3-85788-213-1
Nr. 2	**Der Büffel**	ISBN 3-85788-214-X
Nr. 3	**Der Tiger**	ISBN 3-85788-215-8
Nr. 4	**Der Hase**	ISBN 3-85788-216-6
Nr. 5	**Der Drache**	ISBN 3-85788-217-4
Nr. 6	**Die Schlange**	ISBN 3-85788-218-2
Nr. 7	**Das Pferd**	ISBN 3-85788-219-0
Nr. 8	**Die Ziege**	ISBN 3-85788-220-4
Nr. 9	**Der Affe**	ISBN 3-85788-221-2
Nr. 10	**Der Hahn**	ISBN 3-85788-222-0
Nr. 11	**Der Hund**	ISBN 3-85788-223-9
Nr. 12	**Das Schwein**	ISBN 3-85788-224-7

Quellen-Verlag CH-9001 St. Gallen